12 DE DEZEMBRO DE 2024

LGPD PARA FARMÁCIAS: GARANTINDO A PRIVACIDADE E SEGURANÇA DOS DADOS DOS CLIENTES.

PAULO RICARDO LUDGERO
contatoludgeroadvocacia@gmail.com

LGPD para Farmácias: Garantindo a Privacidade e Segurança dos Dados dos Clientes Paulo R. Ludgero

Sumário

PREFÁCIO 3
DEDICATÓRIA 5
CAPÍTULO 1 6
O QUE É A LGPD E PORQUE ELA É RELEVANTE PARA FARMÁCIAS 7
1.1 O CONTEXTO DA LGPD NO BRASIL 7
1.2 DADOS SEMSÍVEIS NO SETOR FARMACÊUTICO 9
1.3 RISCOS DO NÃO CUMPRIMENTO DA LGPD 10
CAPÍTULO 2 12
MAPEANDO OS DADOS PESSOAIS NAS FARMÁCIAS 13
2.1 IDENTIFICANDO OS DADOS COLETADOS 13
2.2 FLUXO DOS DADOS DENTRO DA FARMÁCIA 13
2.3 AVALIAÇÃO DE RISCOS E VULNERABILIDADES 14
CAPÍTULO 3 15
IMPLEMENTANDO A CONFORIDADE COM A LGPD 15
3.1. POLÍTICAS DE PRIVACIDADE CLARAS 16
3.2 O QUE DEVE CONTER UMA POLÍTICA DE PRIVACIDADE? 16
3.3 . CONSENTIMENTO E TRANSPARÊNCIA 17
3.3.1. COMO OBTER O CONSENTIMENTO DE FORMA ADEQUADA? 17
3.3.2. CONSENTIMENTO IMPLICITO OU DISPENSÁVEL 18
3.3.3. TREINAMENTO DE EQUIPE 18
3.3.4. O QUE NÃO DEVE CONTER NO TREINAMENTO? 19
3.3.4.1 IDENTIFICAÇÃO DE DADOS SENSÍVEIS 19
3.3.4.2 BOA PRÁTICAS NO MANUSEIO DE DADOS 19
3.3.4.3 SEGURANÇA DIGITAL 19
3.3.4.4 RESPOSTAS A INCIDENTES 19
3.3.4.5 FORMATOS DE TREINAMENTO RECOMENDADO 20
CAPÍTULO 4 21
TECNOLOGIA E SEGURANÇA DOS DADOS 21
4.1. FERRAMENTAS TECNOLÓGICAS PARA A PROTEÇÃO DE DADOS 21
4.2. CRIPTOGRAFIA 21
4.5. SISTEMAS DE GESTÃO DE DADOS PESSOAIS (DLP) 22
4.5.1. SOLUÇÕES DE ARMAZENAMENTO SEGURO 22
4.5.2. GERENCIADORES DE ACESSO 22

4.5.3. PROTEÇÃO CONTRA ATAQUES CIBERNÉTICOS	23
4.5.4. AUDITORIA E MONITORAMENTO CONTÍNUOS	24
4.5.4.1. COMO REALIZAR AUDITORIAS EFICAZES?	24
4.5.4.2 INDICADORES DE DESEMPENHO (KPIS) PARA MONITORAMENTO:	25
4.5.4.3 BENEFÍCIOS DA TECNOLOGIA E MONITORAMENTO CONTÍNUO	25
CAPÍTULO 5	26
RELACIONAMENTO COM CLIENTES EM CONFORMIDADE COM A LGPD	26
5.1. RESPEITANDO OS DIREITOS DOS TITULARES	26
5.1.2. QUAIS SÃO OS PRINCIPAIS DIREITOS DOS TITULARES?	26
5.2. COMO IMPLEMENTAR PROCESSOS PARA ATENDER ESTES DIREITOS	28
5.3. BOAS PRÁTICAS PARA ATENDIMENTO AO CLIENTE	28
5.4. TRANSFORMANDO PRIVACIDADE EM UM DIFERENCIAL COMPETITIVO	30
5.4.1. COMO USAR A CONFORMIDADE COMO DIFERENCIAL?	30
CAPÍTULO 6	32
CASES DE SUCESSO E ERROS COMUNS NA IMPLEMENTAÇÃO DA LGPD EM FARMÁCIAS	32
6.1. EXEMPLOS DE FARMÁCIAS EM CONFORMIDADE	32
6.2. ERROS COMUNS E COMO EVITA-LOS	34
6.2.1. LIÇÕES APRENDIDAS COM OS CASOS	36
CAPÍTULO 7	37
CONCLUSÃO E PRÓXIMOS PASSOS	37
7.1. RESUMO DOS PRINCIPAIS PONTOS	37
7.2. COMO COMEÇAR OS PRIMEIROS PASSOS PARA A CONFORMIDADE	38
7.3. REFLEXÃO FINAL	40
CAPÍTULO 8	41
APÊNDICE:	41
8.1. GLOSSÁRIO DE TERMOS RELEVANTES EM LGPD PARA FARMÁCIAS	41
CAPÍTULO 9	46
MODELOS DE DOCUMENTOS PARA ADEQUAÇÃO À LGPD EM FARMÁCIAS	46
9.1. MODELOS DE DOCUMENTOS	46
CAPÍTULO 10	53
CHECKLIST DE CONFORMIDADE COM A LGPD:	53
10.1. GOVERNANÇA E RESPONSABILIDADE	53
10.2. MAPEAMENTO E INVENTÁRIO DE DADOS	54
10.3. CONSENTIMENTO E DIREITOS DOS TITULARES	54

10.4. SEGURANÇA E PROTEÇÃO DE DADOS 54
10.5. TRANSPARÊNCIA E COMUNICAÇÃO 55
10.6. RELATÓRIO DE IMPACTO À PROTEÇÃO DE DADOS (RIPD) 55
10. 7. CONTRATOS E TRANSFERÊNCIAS DE DADOS 56
10. 8. AUDITORIA E MONITORAMENTO 56
10.9. CULTURA DE PROTEÇÃO DE DADOS 56
REFERÊNCIAS BIBLIOGRAFICAS 58
SOBRE O AUTOR 60

PREFÁCIO

A transformação digital tem impactado todos os setores econômicos, e o farmacêutico destaca-se pela complexidade de lidar com dados pessoais e sensíveis. Com o avanço da

LGPD para Farmácias: Garantindo a Privacidade e Segurança dos Dados dos Clientes
Paulo R. Ludgero

digitalização, proteger a privacidade e a segurança das informações tornou-se mais do que uma obrigação legal: é uma necessidade ética e estratégica. Neste contexto, o livro *LGPD para Farmácias: Garantindo a Privacidade e Segurança dos Dados dos Clientes* surge como um guia prático e completo para profissionais e empresas do setor.

A Lei Geral de Proteção de Dados (LGPD) veio para regulamentar o uso de informações pessoais, estabelecendo padrões claros para coleta, tratamento, armazenamento e compartilhamento. Para farmácias, que lidam com dados sensíveis como históricos médicos e transações financeiras, essa legislação representa uma oportunidade de reforçar a confiança dos clientes, promover práticas éticas e adotar soluções inovadoras para garantir a conformidade.

Ao longo desta obra, apresentamos estratégias, estudos de caso e ferramentas para ajudar as farmácias a implementar a LGPD de maneira eficiente e eficaz. Cada capítulo aborda aspectos essenciais para compreender e aplicar a lei no dia a dia:

Capítulo 1: O que é a LGPD e sua relevância para farmácias
Introduz os fundamentos da LGPD e destaca sua importância para proteger informações sensíveis no setor farmacêutico, indo além do cumprimento legal para reforçar a responsabilidade ética.

Capítulo 2: Mapeando os dados pessoais nas farmácias
Explora como identificar os pontos de coleta de dados, mapear fluxos de informação e analisar vulnerabilidades em cada etapa do tratamento de dados pessoais.

Capítulo 3: Implementando a conformidade com a LGPD
Fornece orientações para elaborar políticas de privacidade, obter consentimento válido, treinar equipes e estabelecer processos claros para garantir a conformidade.

Capítulo 4: Tecnologia e segurança dos dados
Aborda o papel de soluções tecnológicas como criptografia, autenticação multifator e sistemas de gestão de dados para proteger informações e prevenir incidentes de segurança.

Capítulo 5: Relacionamento com clientes em conformidade com a LGPD
Demonstra como respeitar os direitos dos titulares e utilizar a conformidade como um diferencial competitivo no atendimento ao cliente.

Capítulo 6: Cases de sucesso e erros comuns na implementação da LGPD
Apresenta exemplos reais de farmácias que alcançaram sucesso na implementação da LGPD, bem como erros comuns que podem ser evitados.

Capítulo 7: Conclusão e próximos passos
Resume as principais lições aprendidas e oferece diretrizes práticas para iniciar ou consolidar o processo de conformidade na farmácia.

Capítulo 8: Glossário de termos relevantes em LGPD para farmácias
Traz definições acessíveis para termos técnicos e jurídicos relacionados à LGPD, ajudando profissionais do setor a entenderem melhor o vocabulário da proteção de dados.

Capítulo 9: Modelos de documentos para adequação à LGPD em farmácias
Oferece exemplos práticos de políticas de privacidade, termos de consentimento e outros documentos indispensáveis para a conformidade com a LGPD.

Capítulo 10: Checklist de conformidade com a LGPD
Apresenta uma ferramenta prática para avaliar e monitorar a implementação da LGPD, abrangendo governança, mapeamento de dados, segurança e gestão de riscos.

Esta obra foi escrita para ser mais do que um manual técnico: ela é um convite à transformação. Ao adotar a LGPD como um compromisso ético e estratégico, sua farmácia pode se destacar no mercado, construindo relacionamentos mais confiáveis e duradouros com seus clientes.

Desejo a você uma leitura enriquecedora e um caminho de sucesso na implementação da LGPD.

Paulo Ricardo Ludgero

DEDICATÓRIA

Dedico este livro primeiramente a Deus, fonte suprema de conhecimento e guia de todos os meus passos.

Dedico também, com todo o meu amor e gratidão, à minha esposa *Talita* e aos meus filhos *Victória e Enzo*, que são a minha maior motivação e me enchem de alegria e sentido todos os dias.

Aos meus professores e mentores, obrigado pelos ensinamentos, inspiração e exemplo de vida que me trouxeram até aqui.

E a todos que de alguma forma contribuíram para a realização desta obra, compartilhando seu conhecimento, experiências e aprendizados.

Que este livro cumpra seu propósito de guiar os farmacêuticos, gestores e empresários do Ramo farmacêutico para a conformidade com a LGPD e para uma cultura de inovação ética e responsável. E que ele inspire muitos outros a colocar os direitos humanos no centro da transformação digital.

CAPÍTULO 1

O QUE É A LGPD E PORQUE ELA É RELEVANTE PARA FARMÁCIAS

Introdução

Com a crescente digitalização e coleta de dados no setor de saúde, as farmácias desempenham um papel central na preservação da privacidade e da segurança das informações de seus clientes. A Lei Geral de Proteção de Dados (LGPD) foi criada para regulamentar como empresas e organizações devem lidar com dados pessoais e sensíveis, estabelecendo diretrizes para coleta, armazenamento, uso e compartilhamento dessas informações.

No caso das farmácias, o desafio é ainda maior, pois lidam diariamente com dados de extrema sensibilidade, como histórico de saúde, receitas médicas e informações financeiras. Este livro foi desenvolvido para ajudar gestores, farmacêuticos e equipes administrativas a compreenderem e implementarem a LGPD em suas operações, assegurando conformidade legal e promovendo a confiança dos clientes.

Você aprenderá a mapear fluxos de dados, identificar riscos, implementar políticas claras e utilizar tecnologias para proteção de informações, além de adotar práticas de atendimento em conformidade com a lei.

O conhecimento contido neste material proporcionará uma base sólida para transformar o desafio da LGPD em uma oportunidade de crescimento e profissionalização.

1.1 O CONTEXTO DA LGPD NO BRASIL

LGPD para Farmácias: Garantindo a Privacidade e Segurança dos Dados dos Clientes
Paulo R. Ludgero

A Lei Geral de Proteção de Dados Pessoais (Lei nº 13.709/2018) entrou em vigor no Brasil em 2020, alinhando-se a regulamentos globais como o GDPR (General Data Protection Regulation) da União Europeia. Ela surge como resposta à crescente preocupação com a privacidade em um mundo cada vez mais digital e interconectado.

No setor de saúde, a proteção de dados vai além de uma questão legal: é uma obrigação ética. Farmácias armazenam informações confidenciais que, se expostas, podem causar danos significativos aos titulares. Isso inclui desde dados básicos, como nome e CPF, até informações médicas extremamente sensíveis.

A Lei Geral de Proteção de Dados (LGPD) estabelece diretrizes que regulamentam como organizações públicas e privadas devem coletar, tratar, armazenar e compartilhar dados pessoais. Sua entrada em vigor em 2020 trouxe uma série de mudanças estruturais nas empresas brasileiras, exigindo uma revisão profunda de seus processos internos.

No setor farmacêutico, essas mudanças são particularmente importantes devido à natureza dos dados tratados. Diferentemente de outras áreas, as farmácias lidam com informações consideradas "dados sensíveis", conforme definido pela LGPD. Esses dados, por sua natureza delicada, podem expor os titulares a riscos significativos, como discriminação, fraudes financeiras ou violações de privacidade médica.

Para entender o impacto da LGPD, é essencial compreender seus principais objetivos:

- **Proteger a privacidade dos cidadãos**: assegurando que seus dados pessoais sejam tratados de forma ética e segura.

- **Estabelecer transparência**: exigindo que as empresas informem claramente como utilizam os dados dos titulares.

- **Harmonizar práticas empresariais**: alinhando as empresas brasileiras a padrões internacionais de proteção de dados, como o GDPR.

A adoção da LGPD é um marco que reflete a crescente valorização da privacidade em um mundo digitalizado. Farmácias, como intermediárias no cuidado à saúde, possuem responsabilidades ampliadas nesse cenário.

1.2 DADOS SEMSÍVEIS NO SETOR FARMACÊUTICO

A LGPD diferencia entre dados pessoais e dados sensíveis, estabelecendo regras mais rigorosas para o tratamento deste último grupo. Os dados sensíveis incluem informações que possam expor características específicas de um indivíduo, como saúde, crenças religiosas ou opiniões políticas.

No contexto das farmácias, os dados sensíveis são gerados em quase todas as interações com os clientes. Exemplos incluem:

- **Receitas médicas:** Contêm informações detalhadas sobre condições de saúde do cliente e tratamentos prescritos.

- **Histórico de compras**: Pode revelar condições crônicas ou o uso recorrente de medicamentos específicos, expondo hábitos ou doenças do cliente.

- **Dados biométricos** (quando aplicáveis): Algumas farmácias coletam digitais ou outros dados biométricos como forma de autenticação em sistemas de fidelidade.

Além disso, há também os dados financeiros associados a transações, como números de cartões de crédito ou débitos em sistemas de pagamento digital. Embora não sejam classificados como "sensíveis" pela LGPD, esses dados também exigem altos níveis de proteção.

A violação desses dados pode ter consequências devastadoras. Por exemplo, o uso indevido de dados de saúde pode levar à discriminação no mercado de trabalho, negativa de cobertura de planos de saúde ou até ao constrangimento público. Por isso, é essencial que farmácias adotem medidas preventivas rigorosas.

1.3 RISCOS DO NÃO CUMPRIMENTO DA LGPD

O descumprimento da LGPD pode acarretar uma série de penalidades legais, financeiras e reputacionais. No caso das farmácias, que lidam com informações tão sensíveis, as implicações podem ser ainda mais severas.

Penalidades legais e financeiras

A LGPD prevê sanções rigorosas para empresas que não se adequarem, incluindo:

1. Multas administrativas: Podem chegar a 2% do faturamento anual da empresa, com um teto de R$ 50 milhões por infração.

2. Publicação da infração: Obriga a empresa a informar publicamente a violação, o que pode gerar danos irreparáveis à sua imagem.

3. Bloqueio de dados pessoais: A farmácia pode ser proibida de utilizar dados até que corrija as falhas identificadas.

Impactos reputacionais

Empresas que violam a privacidade dos clientes perdem credibilidade, especialmente em um setor tão sensível quanto o de saúde. Um vazamento de dados pode fazer com que os clientes busquem alternativas mais seguras, impactando diretamente o faturamento e a confiança no negócio.

Custos operacionais elevados

Além das multas e danos à imagem, as farmácias podem enfrentar custos significativos associados a ações judiciais de clientes lesados, além de despesas com correções nos sistemas e processos.

Por isso, investir em conformidade com a LGPD não deve ser visto apenas como uma obrigação legal, mas como uma estratégia de mitigação de riscos e valorização da marca.

Mitigar Riscos e Evitar Penalidades:

O não cumprimento da LGPD pode resultar em multas severas, processos judiciais e danos à reputação. Ao implementar controles adequados, as empresas imobiliárias protegem seus ativos e sua credibilidade.

Impulsionar a Inovação:

A privacidade de dados não é um obstáculo, mas sim um catalisador para a inovação. Ao incorporar a privacidade desde o início do desenvolvimento de novos produtos e serviços, as empresas podem criar soluções mais seguras e confiáveis.

Promover a Ética e a Transparência:

A LGPD representa um passo importante para o reconhecimento dos direitos individuais sobre os dados pessoais. Ao abraçar esses princípios, as empresas imobiliárias podem se posicionar como líderes em ética e responsabilidade social.

Desafios e Oportunidades

Embora a conformidade com a LGPD possa parecer um desafio intimidante, ela também abre inúmeras oportunidades para o setor imobiliário. Neste livro, exploraremos estratégias para:

- Aprimorar os processos de coleta, armazenamento e compartilhamento de dados

- Implementar medidas de segurança robustas e planos de resposta a incidentes

- Treinar e conscientizar funcionários e parceiros sobre práticas de privacidade

- Desenvolver políticas e procedimentos transparentes para o tratamento de dados

- Aproveitar as novas tecnologias de privacidade, como anonimização e criptografia

- Colaborar com autoridades e associações do setor para estabelecer melhores práticas

Ao navegar pelos capítulos deste livro, você terá uma visão abrangente dos requisitos da LGPD, bem como exemplos práticos e dicas valiosas para a implementação bem-sucedida no contexto do setor farmacêutico.

Esteja preparado para embarcar em uma jornada de transformação, onde a privacidade de dados não será mais vista como um fardo, mas como um diferencial competitivo e uma oportunidade de construir relacionamentos mais duradouros e significativos com seus clientes.

Seja você um profissional do setor farmacêutico, um gestor de dados ou simplesmente alguém interessado em privacidade e proteção de dados, este livro oferecerá insights valiosos e orientações práticas para navegar com sucesso no novo cenário regulatório junte-se a nós nesta jornada de exploração da LGPD e descubra como transformar os desafios em oportunidades, construindo uma cultura de confiança e respeito pela privacidade no coração do seu negócio farmacêutico

CAPÍTULO 2

MAPEANDO OS DADOS PESSOAIS NAS FARMÁCIAS

2.1 IDENTIFICANDO OS DADOS COLETADOS

Antes de implementar qualquer medida de conformidade, é crucial que as farmácias identifiquem todos os pontos de coleta de dados pessoais. Esses dados podem ser coletados de várias formas:

1. Interações diretas no balcão:

- Cadastro para emissão de nota fiscal.

- Registro para programas de fidelidade.

- Requisição de medicamentos controlados, que exige informações do cliente e receita médica.

2. Canais digitais:

- Sites de e-commerce ou aplicativos de farmácias.

- Cadastro para promoções ou recebimento de ofertas por e-mail.

3. Sistemas internos de saúde:

- Registros de histórico de compras vinculados ao CPF.

- Informações enviadas a convênios ou seguradoras.

A análise detalhada dessas interações é essencial para determinar quais dados são coletados, por quanto tempo são armazenados e como são utilizados.

2.2 FLUXO DOS DADOS DENTRO DA FARMÁCIA

O fluxo de dados pessoais em uma farmácia normalmente segue estas etapas:

1. Coleta: O cliente fornece as informações diretamente (no balcão ou online) ou indiretamente (por sistemas de terceiros, como convênios).

2. Armazenamento: Os dados podem ser armazenados localmente em servidores da farmácia ou em plataformas baseadas na nuvem.

3. Processamento: Os dados são utilizados para finalidades específicas, como emissão de nota fiscal, análise de perfil de compra ou cumprimento de requisitos regulatórios.

4. Compartilhamento: Informações podem ser compartilhadas com terceiros, como operadoras de saúde, laboratórios ou órgãos reguladores (ex.: Anvisa).

5. Descarte: Após o término do prazo de retenção, os dados devem ser excluídos ou anonimizados.

Cada etapa desse fluxo deve ser cuidadosamente avaliada para identificar riscos e vulnerabilidades.

2.3 AVALIAÇÃO DE RISCOS E VULNERABILIDADES

Depois de mapear os fluxos de dados, a próxima etapa é identificar possíveis ameaças à segurança e à conformidade. Os riscos podem incluir:

- **Acesso não autorizado:** Funcionários sem treinamento ou má configuração de permissões em sistemas podem acessar informações que não deveriam.

- **Vazamento de dados:** Dados enviados para terceiros sem criptografia podem ser interceptados.

- **Retenção excessiva de dados:** Armazenar dados por mais tempo do que o necessário aumenta o risco de vazamentos ou usos indevidos.

- **Sistemas desatualizados:** Falhas de segurança em softwares antigos podem ser exploradas por hackers.

Para mitigar esses riscos, é recomendada a implementação de:

- **Auditorias regulares:** Revisão de processos e sistemas para identificar e corrigir falhas.

- **Ferramentas de segurança:** Incluindo firewalls, criptografia e autenticação multifator.

- **Treinamentos periódicos:** Para conscientizar a equipe sobre boas práticas de proteção de dados.

A avaliação contínua de riscos é fundamental para assegurar que as farmácias estejam sempre alinhadas às exigências da LGPD.

CAPÍTULO 3

IMPLEMENTANDO A CONFORIDADE COM A LGPD

Após compreender a relevância da LGPD e identificar os fluxos de dados e vulnerabilidades em sua farmácia, o próximo passo é a implementação de práticas e processos que garantam conformidade com a lei. A adoção dessas medidas é essencial para proteger os dados dos clientes, reduzir riscos e construir um relacionamento de confiança

3.1. POLÍTICAS DE PRIVACIDADE CLARAS

Uma das exigências fundamentais da LGPD é que as empresas elaborem e disponibilizem uma política de privacidade clara e acessível aos clientes. Essa política é o principal documento que define como os dados pessoais são tratados, oferecendo transparência e segurança ao titular dos dados.

..

3.2 O QUE DEVE CONTER UMA POLÍTICA DE PRIVACIDADE?

1. Descrição do uso dos dados:

- Detalhar quais dados são coletados (nome, CPF, endereço, dados de saúde, etc.).

- Informar a finalidade de cada dado coletado. Por exemplo:

  - CPF para emissão de notas fiscais;

  - Histórico de compras para programas de fidelidade.

2. Compartilhamento de Dados:

- Explicitar com quais entidades os dados podem ser compartilhados (ex.: convênios médicos, laboratórios, órgãos reguladores).

- Garantir que qualquer compartilhamento obedeça a critérios de segurança e confidencialidade.

3. Retenção de Dados:

- Estabelecer prazos claros para armazenamento de dados. Por exemplo:

  - Receitas médicas armazenadas por cinco anos, conforme exigências regulatórias.

  - Dados de cadastro mantidos enquanto o cliente estiver ativo no programa de fidelidade.

4. Direitos dos Titulares:

  - Explicar como os clientes podem acessar, corrigir ou excluir seus dados.

  - Incluir informações sobre o canal de atendimento para essas solicitações.

5. Segurança dos Dados:

  - Destacar medidas adotadas para proteger os dados, como criptografia e controles de acesso.

Dicas para redigir a política de privacidade

- Use linguagem simples e objetiva, evitando termos técnicos ou jurídicos complexos.

- Disponibilize a política em locais visíveis, como o site da farmácia, aplicativos e pontos físicos de atendimento.

- Atualize a política regularmente para refletir mudanças nos processos ou novas exigências legais.

3.3. CONSENTIMENTO E TRANSPARÊNCIA

O consentimento é um dos pilares da LGPD. Ele garante que o cliente tenha controle sobre seus dados e saiba exatamente como eles serão utilizados. Para farmácias, é especialmente importante obter consentimento de maneira clara e registrar essa permissão adequadamente.

3.3.1. COMO OBTER O CONSENTIMENTO DE FORMA ADEQUADA?

1. Formulários Físicos e Digitais:

- Inclua uma seção específica para consentimento em formulários de cadastro. Por exemplo:

- "Autorizo o uso dos meus dados pessoais para fins de participação no programa de fidelidade."

2. Checkboxes em Sistemas Digitais:

- Utilize caixas de seleção não marcadas por padrão, exigindo que o cliente tome uma ação ativa para consentir.

3. Transparência na Explicação:

- Forneça informações detalhadas sobre a finalidade do uso dos dados. Por exemplo:

- "Seu histórico de compras será utilizado exclusivamente para oferecer descontos personalizados."

4. Opção de Revogação:

- Garanta que o cliente possa revogar o consentimento facilmente, por meio de um canal de atendimento ou no próprio sistema.

3.3.2. CONSENTIMENTO IMPLICITO OU DISPENSÁVEL

Nem todas as situações exigem consentimento. Por exemplo:

- Dados coletados para cumprimento de obrigações legais, como registros de medicamentos controlados para a Anvisa, não necessitam de consentimento prévio.

- No entanto, o cliente deve ser informado de forma clara sobre essa coleta e sua obrigatoriedade.

3.3.3. TREINAMENTO DE EQUIPE

A implementação da LGPD é um esforço coletivo, e o envolvimento de toda a equipe é essencial para o sucesso. Funcionários bem treinados reduzem significativamente os riscos de erros humanos, que estão entre as principais causas de vazamentos de dados.

3.3.4. O QUE NÃO DEVE CONTER NO TREINAMENTO?

3.3.4.1 IDENTIFICAÇÃO DE DADOS SENSÍVEIS

- Ensinar os funcionários a reconhecer informações consideradas críticas, como dados de saúde e financeiros. Políticas de segurança de Informação

3.3.4.2 BOA PRÁTICAS NO MANUSEIO DE DADOS

- Evitar anotações manuais de dados pessoais que possam ser perdidas ou acessadas por terceiros.
- Não compartilhar dados de clientes por aplicativos de mensagens pessoais, como WhatsApp.

3.3.4.3 SEGURANÇA DIGITAL

- Utilizar senhas fortes e alterá-las periodicamente.
- Reconhecer tentativas de phishing ou engenharia social.

3.3.4.4 RESPOSTAS A INCIDENTES

Capacitar a equipe a lidar com vazamentos ou acessos indevidos, incluindo o reporte imediato ao encarregado de dados (DPO).

3.3.4.5 FORMATOS DE TREINAMENTO RECOMENDADO

- **Workshops Práticos:** Simulações de situações reais, como responder a solicitações de clientes sobre seus dados.

- **Manuais internos**: Um guia de referência rápida para consultas sobre procedimentos de conformidade.

- **Treinamentos contínuos:** Sessões periódicas para reforçar boas práticas e introduzir novos conceitos.

A implementação desses pilares – políticas de privacidade, consentimento e treinamento – cria uma base sólida para a conformidade com a LGPD e aumenta a segurança operacional da farmácia.

CAPÍTULO 4

TECNOLOGIA E SEGURANÇA DOS DADOS

A tecnologia desempenha um papel central na proteção de dados pessoais, especialmente em um ambiente sensível como o das farmácias. A implementação de ferramentas tecnológicas adequadas e a adoção de boas práticas de segurança são fundamentais para garantir a conformidade com a LGPD e prevenir incidentes como vazamentos e acessos não autorizados.

4.1. FERRAMENTAS TECNOLÓGICAS PARA A PROTEÇÃO DE DADOS

A escolha de soluções tecnológicas confiáveis é o primeiro passo para estabelecer uma infraestrutura segura de tratamento de dados. Abaixo estão as ferramentas essenciais que toda farmácia deve considerar:

4.2. CRIPTOGRAFIA

A criptografia é uma técnica de proteção que converte dados em um formato ilegível para pessoas não autorizadas.

4.3. DADOS CRIPTOGRAFADOS EM REPOUSO

Protege informações armazenadas em servidores, computadores locais ou dispositivos móveis.

4.4. DADOS CRIPTOGRAFIA DE TRANSMISSÃO

Garante que dados enviados por e-mail ou outros meios digitais estejam seguros contra interceptações.

Exemplo prático: Ao enviar dados de um cliente para uma operadora de plano de saúde, a farmácia deve garantir que a transmissão seja criptografada.

4.5. SISTEMAS DE GESTÃO DE DADOS PESSOAIS (DLP)

Os sistemas de Data Loss Prevention ajudam a monitorar e evitar o vazamento de informações sensíveis, oferecendo recursos como:

- Identificação de dados sensíveis em arquivos ou e-mails.
- Controle de transferência de dados para dispositivos externos, como pen drives.

4.5.1. SOLUÇÕES DE ARMAZENAMENTO SEGURO

Para farmácias que operam com sistemas digitais, o armazenamento de dados deve ser feito em plataformas confiáveis:
- Serviços de nuvem com certificação de segurança (ex.: ISO 27001).
- Servidores locais com backup automático.

4.5.2. GERENCIADORES DE ACESSO

- Implementar controles de acesso é essencial para restringir quem pode visualizar ou manipular determinados dados.

- Uso de autenticação multifator (MFA): Exige mais de um método para autenticar o acesso, como senha e código enviado ao celular.

- Criação de perfis de acesso: Por exemplo, o balconista pode acessar apenas informações básicas, enquanto o gerente tem permissões mais amplas

4.5.3. PROTEÇÃO CONTRA ATAQUES CIBERNÉTICOS

Farmácias são alvos frequentes de ataques cibernéticos devido à sensibilidade dos dados que armazenam. Abaixo estão os principais tipos de ameaças e como mitigá-las:

1. Ransomware

Esse tipo de Malware criptografa os dados do sistema e exige um resgate para liberá-los.

- **Prevenção:**
  - Realizar backups diários dos dados em locais seguros.
  - Atualizar regularmente sistemas e softwares para corrigir vulnerabilidades.

2. Phishing

Técnica de engenharia social em que atacantes enviam mensagens fraudulentas para obter acesso a dados confidenciais.

- **Prevenção:**
  - Treinar os funcionários para reconhecer mensagens suspeitas.
  - Configurar filtros de e-mail para identificar e bloquear mensagens maliciosas.

3. Ataques DDoS (Negação de Serviço)

Sobrecarregam os sistemas da farmácia, tornando-os inacessíveis.

- **Prevenção:**
  - Utilizar firewalls e sistemas de monitoramento de tráfego.
  - Contratar serviços de proteção específicos contra DDoS.

4. Acessos não autorizados

Pode ocorrer quando senhas fracas ou compartilhadas são utilizadas.

- **Prevenção:**

- Estabelecer políticas de senhas fortes (mínimo de 12 caracteres com letras, números e símbolos).

- Garantir o bloqueio automático de dispositivos após períodos de inatividade.

4.5.4. AUDITORIA E MONITORAMENTO CONTÍNUOS

Implementar a LGPD não é uma tarefa única; a conformidade exige manutenção e supervisão constante. Auditorias regulares e sistemas de monitoramento são essenciais para garantir que as práticas de proteção de dados continuem eficazes.

4.5.4.1. COMO REALIZAR AUDITORIAS EFICAZES?

1. Avaliação de processos internos:

- Verificar se os dados estão sendo coletados e tratados conforme a política de privacidade estabelecida.

- Confirmar que as finalidades declaradas no consentimento do cliente estão sendo seguidas.

2. Revisão de ferramentas tecnológicas:

- Certificar-se de que os softwares e sistemas utilizados estão atualizados.

- Testar regularmente os sistemas de backup para garantir que estão funcionando corretamente.

3. Simulações de Incidentes:

- Realizar testes práticos para verificar como a equipe reage a situações como vazamento de dados ou ataques cibernéticos.

- Identificar pontos de melhoria nas respostas aos incidentes.

4. Relatórios Periódicos:

- Documentar os resultados das auditorias e compartilhar com o responsável pela proteção de dados (DPO).

4.5.4.2 INDICADORES DE DESEMPENHO (KPIS) PARA MONITORAMENTO:

- Número de acessos não autorizados bloqueados.

- Taxa de resposta a solicitações de titulares de dados.

- Frequência de atualização de políticas e sistemas de segurança.

4.5.4.3 BENEFÍCIOS DA TECNOLOGIA E MONITORAMENTO CONTÍNUO

Ao adotar ferramentas tecnológicas robustas e processos de auditoria regulares, as farmácias conseguem:

- Reduzir o risco de incidentes de segurança.

- Aumentar a confiança dos clientes no tratamento de seus dados.

- Evitar penalidades financeiras e legais associadas à LGPD.

Essas práticas não apenas garantem conformidade, mas também posicionam a farmácia como uma referência em segurança e responsabilidade no setor de saúde.

CAPÍTULO 5

RELACIONAMENTO COM CLIENTES EM CONFORMIDADE COM A LGPD

Um dos principais objetivos da LGPD é garantir que os titulares dos dados – no caso, os clientes – tenham maior controle e transparência sobre o uso de suas informações pessoais. No setor farmacêutico, o cumprimento dessas diretrizes exige uma abordagem cuidadosa e estratégica, que combine proteção à privacidade e excelência no atendimento.

Este capítulo aborda como as farmácias podem respeitar os direitos dos titulares, fortalecer a confiança dos clientes e, ao mesmo tempo, manter uma relação eficiente e transparente.

5.1. RESPEITANDO OS DIREITOS DOS TITULARES

A LGPD concede aos titulares uma série de direitos relacionados ao tratamento de seus dados. Para as farmácias, é crucial implementar processos que garantam o atendimento rápido e eficiente dessas demandas.

5.1.2. QUAIS SÃO OS PRINCIPAIS DIREITOS DOS TITULARES?

1. **Direito de acesso aos Dados:**

- Os clientes têm o direito de saber quais informações a farmácia possui sobre eles e como estão sendo utilizadas.

- Exemplo: um cliente pode solicitar o histórico de compras registrado no programa de fidelidade.

2. Direito de Correção:

- Caso as informações estejam incorretas ou desatualizadas, o titular pode solicitar a correção.

- Exemplo: um cliente pode pedir para corrigir um endereço ou número de telefone registrado incorretamente.

3. Direito à Exclusão:

- Os titulares podem requerer a exclusão de seus dados, exceto nos casos em que a retenção seja exigida por lei (como em medicamentos controlados).

- Exemplo: após encerrar sua participação em um programa de fidelidade, um cliente pode solicitar que seus dados sejam apagados do sistema.

4. **Direito à Portabilidade:**

- Os clientes podem solicitar que suas informações sejam transferidas para outro controlador de dados.

- Exemplo: transferência de informações de um sistema de farmácia para outro, caso o cliente migre para uma nova rede.

5. Direito de Revogar Consentimento:

- A qualquer momento, o cliente pode retirar o consentimento dado anteriormente para o uso de seus dados pessoais.

- Exemplo: um cliente pode optar por não receber mais mensagens promocionais da farmácia.

5.2. COMO IMPLEMENTAR PROCESSOS PARA ATENDER ESTES DIREITOS

1. Estabeleça Canais Claros de Comunicação:

- Crie um canal dedicado para que os clientes façam solicitações relacionadas à LGPD. Pode ser um endereço de e-mail, telefone ou até mesmo uma seção no site ou aplicativo da farmácia.

2. Treine a Equipe para Lidar com Solicitações:

- Garanta que os funcionários saibam identificar e encaminhar corretamente pedidos relacionados aos direitos dos titulares.

- Estabeleça prazos claros para respostas, como exige a lei.

3. Documente as Solicitações:

- Mantenha um registro de todas as solicitações feitas pelos clientes, incluindo como foram atendidas e em quanto tempo.

4. Automatize Onde For Possível:

- Ferramentas de CRM (Gestão de Relacionamento com Clientes) podem ajudar a agilizar respostas e organizar as solicitações de maneira eficiente.

5.3. BOAS PRÁTICAS PARA ATENDIMENTO AO CLIENTE

Respeitar a privacidade do cliente não é apenas uma exigência legal; é também uma forma de fortalecer a confiança e a fidelidade à farmácia. Abaixo estão práticas recomendadas para integrar a conformidade com a LGPD ao atendimento ao cliente.

LGPD para Farmácias: Garantindo a Privacidade e Segurança dos Dados dos Clientes
Paulo R. Ludgero

1. Transparência desde o início

Ao coletar qualquer dado pessoal, informe o cliente:

- O motivo da coleta: Por exemplo, "Precisamos de seu CPF para emissão da nota fiscal."
- Como os dados serão utilizados: Por exemplo, "Seu histórico de compras será usado para personalizar ofertas."

Quem terá acesso aos dados Exemplo: "Estas informações podem ser compartilhadas com operadoras de planos de saúde."

2. Simplifique a comunicação sobre privacidade

Evite jargões técnicos ou termos jurídicos complicados. Use uma linguagem simples e amigável, especialmente em formulários ou contratos.

3. Treine a equipe para transmitir confiança

Funcionários que lidam diretamente com os clientes devem ser capacitados para:
- Explicar a política de privacidade quando solicitado.
- Responder dúvidas sobre como os dados do cliente estão sendo protegidos.

4. Promova a segurança em ambientes digitais

Se a farmácia possui um site ou aplicativo, siga estas práticas:
- Ofereça termos de consentimento visíveis e fáceis de entender.
- Garanta que os dados enviados online sejam protegidos por protocolos seguros, como HTTPS.
- Disponibilize uma seção de FAQ (Perguntas Frequentes) sobre privacidade.

5.4. TRANSFORMANDO PRIVACIDADE EM UM DIFERENCIAL COMPETITIVO

Ao tratar a LGPD não apenas como uma obrigação legal, mas como uma oportunidade de agregar valor, as farmácias podem se diferenciar no mercado.

5.4.1. COMO USAR A CONFORMIDADE COMO DIFERENCIAL?

1. Reforce o compromisso com a privacidade em campanhas de marketing:

- Exemplo: "Aqui na [Farmácia X], seus dados estão seguros. Transparência e confiança são nossas prioridades."

2. Ofereça benefícios aos clientes:

- Destaque como a personalização de ofertas e programas de fidelidade respeita a privacidade do cliente.

3. Certificações de segurança:

- Invista em certificações reconhecidas que demonstrem compromisso com boas práticas de proteção de dados, como a ISO 27001, e comunique isso aos clientes.

4. Feedback dos clientes:

- Ofereça canais para que os clientes possam dar sugestões sobre como a farmácia pode melhorar o tratamento de dados. Isso não só demonstra engajamento, mas também gera confiança.

5.4.2. BENEFÍCIOS DE UM RELACIONAMENTO TRANSPARENTE E SEGURO

Uma farmácia que demonstra respeito pela privacidade dos dados constrói um relacionamento mais sólido com seus clientes. Isso se traduz em:

- **Maior fidelidade:** Clientes se sentem mais confiantes ao escolher um estabelecimento comprometido com a segurança.
- **Reputação positiva:** Conformidade com a LGPD é percebida como profissionalismo e responsabilidade.
- **Redução de riscos legais:** Um bom atendimento reduz a probabilidade de reclamações formais ou ações judiciais.

CAPÍTULO 6

CASES DE SUCESSO E ERROS COMUNS NA IMPLEMENTAÇÃO DA LGPD EM FARMÁCIAS

A experiência de outras farmácias na adaptação à LGPD pode fornecer valiosas lições sobre o que fazer – e o que evitar – ao implementar práticas de conformidade. Neste capítulo, abordaremos casos reais de sucesso, analisando estratégias que se mostraram eficazes, e destacaremos erros comuns que colocaram empresas em situações vulneráveis.

6.1. EXEMPLOS DE FARMÁCIAS EM CONFORMIDADE[1]

Case 1: Rede Farmácias Vida – Transparência no Relacionamento com Clientes.

A Rede Farmácias Vida, com mais de 100 lojas em operação, decidiu implementar a LGPD como uma prioridade estratégica, reconhecendo que a conformidade legal seria uma vantagem competitiva.

---

[1] Os nomes das redes de farmácias mencionados ao longo deste livro são fictícios e foram criados exclusivamente para exemplificar os cenários práticos apresentados. Qualquer semelhança com empresas reais é mera coincidência. O objetivo dessas referências é ilustrar as melhores práticas e desafios na implementação da LGPD no setor farmacêutico, contribuindo para o aprendizado e a compreensão dos leitores.

AÇÕES REALIZADAS:

1. Política de privacidade simplificada e acessível:

A empresa criou uma política de privacidade com linguagem clara e amigável, disponível em seus sites, aplicativos e balcões físicos.

2. Automação no atendimento aos direitos dos titulares:

- Um sistema automatizado foi integrado ao site, permitindo que os clientes solicitassem acesso, correção ou exclusão de seus dados de forma rápida.

- O prazo médio de atendimento caiu para menos de 7 dias, gerando feedbacks positivos.

3. Treinamento intensivo da equipe:

Todos os funcionários, desde o atendimento ao balcão até a área administrativa, passaram por workshops sobre a LGPD, com foco em identificar e proteger dados sensíveis.

Case 2: Farmácia Digital Plus – Uso de Tecnologia para Conformidade

A Farmácia Digital Plus, especializada em vendas online de medicamentos, percebeu que a coleta de dados em ambiente digital representava um grande risco e oportunidade.

AÇÕES REALIZADAS:

1. Ferramentas robustas de segurança cibernética:

- Implementação de um sistema de criptografia de ponta a ponta para todas as transações.

- Monitoramento contínuo de acessos ao sistema, com alertas automáticos em caso de atividades suspeitas.

2. Consentimento simplificado em plataformas digitais:

- Durante o cadastro no site, o cliente era apresentado a uma explicação clara sobre o uso de seus dados, com caixas de seleção para cada tipo de consentimento.

3. Auditorias trimestrais:

- Auditorias regulares garantiram que os dados coletados fossem usados exclusivamente para os fins especificados.

RESULTADOS:

- A empresa conseguiu reduzir em 80% as taxas de abandono de carrinhos relacionados a preocupações com privacidade.

- A farmácia recebeu um selo de confiança digital, o que aumentou a fidelidade e atraiu novos clientes.

RESULTADOS:

- O índice de satisfação dos clientes aumentou 15%, com muitos elogiando a transparência e o profissionalismo da rede.

- Nenhuma ocorrência de incidentes de dados foi registrada nos primeiros dois anos após a implementação.

6.2. ERROS COMUNS E COMO EVITA-LOS

Erro 1: Coleta excessiva de dados sem justificativa

Situação: Uma rede de farmácias solicitava informações desnecessárias no cadastro, como número do RG e nome de parentes, mesmo sem finalidade específica.

Consequências:
- Clientes começaram a desconfiar das intenções da empresa.
- A farmácia recebeu notificações de fiscalização e precisou ajustar seus processos.

Solução:
- A coleta de dados deve ser limitada ao mínimo necessário para a finalidade proposta.
- Antes de pedir qualquer informação, a farmácia deve avaliar se ela é realmente essencial.

Erro 2: Falha na resposta a solicitações de clientes

Situação: Um cliente solicitou a exclusão de seus dados de um programa de fidelidade. A farmácia demorou 60 dias para responder, o que gerou uma reclamação formal à Autoridade Nacional de Proteção de Dados (ANPD).

Consequências:
- A farmácia foi multada e teve sua reputação prejudicada.
- Clientes começaram a questionar a seriedade da empresa em relação à LGPD.

Solução:
- Estabelecer prazos claros para atendimento às solicitações, preferencialmente abaixo de 15 dias.
- Automatizar o processo para reduzir o tempo de resposta.

Erro 3: Ausência de medidas de segurança digital

Situação: Uma farmácia teve seus sistemas invadidos e sofreu um vazamento de dados, expondo informações de clientes, incluindo histórico de medicamentos.

Consequências:
- Perda de confiança dos clientes e impacto direto nas vendas.
- A farmácia foi obrigada a notificar a ANPD e os titulares, além de pagar multas significativas.

Solução:
- Adotar ferramentas de segurança cibernética, como firewalls, criptografia e autenticação multifator.
- Realizar auditorias regulares para identificar e corrigir vulnerabilidades.

Erro 4: Compartilhamento inadequado de dados com terceiros
Situação: Uma farmácia compartilhou informações de clientes com uma empresa de marketing sem obter consentimento explícito.

Consequências:
- Clientes começaram a receber ligações promocionais de outras empresas, o que gerou insatisfação.
- A farmácia foi denunciada e precisou pagar indenizações por danos morais.

Solução:
- Garantir que qualquer compartilhamento de dados seja previamente autorizado pelo cliente.
- Formalizar contratos com terceiros, especificando as obrigações de proteção de dados.

6.2.1. LIÇÕES APRENDIDAS COM OS CASOS

OS CASOS APRESENTADOS DEMONSTRAM QUE:

1. TRANSPARÊNCIA E TECNOLOGIA ANDAM DE MÃOS DADAS: Quanto mais claros forem os processos, maior será a confiança do cliente.

2. A CONFORMIDADE DEVE SER CONTÍNUA: Processos e sistemas devem ser revisados regularmente para acompanhar as mudanças legais e tecnológicas.

3. OS ERROS PODEM SER EVITADOS COM PLANEJAMENTO: Investir em medidas preventivas reduz significativamente os riscos de incidentes.

CAPÍTULO 7

CONCLUSÃO E PRÓXIMOS PASSOS

Ao longo deste livro, exploramos a relevância da Lei Geral de Proteção de Dados (LGPD) para farmácias e as estratégias essenciais para garantir a conformidade, desde a implementação de políticas claras até o uso de tecnologia avançada e o estabelecimento de boas práticas no relacionamento com os clientes. Neste capítulo final, reuniremos as principais lições aprendidas e sugeriremos próximos passos para transformar a LGPD em um diferencial competitivo para sua farmácia.

7.1. RESUMO DOS PRINCIPAIS PONTOS

1. Importância da LGPD para Farmácias:

- A LGPD vai além de uma obrigação legal: ela protege dados sensíveis e reforça a confiança do cliente no estabelecimento.

2. Identificação e Mapeamento de Dados:

- Compreender quais informações são coletadas, como são tratadas e onde estão armazenadas é o primeiro passo para garantir a conformidade.

3. Políticas e Consentimento:

- Políticas claras e acessíveis, combinadas com processos transparentes de consentimento, são fundamentais para fortalecer o relacionamento com os clientes.

4. Treinamento e cultura Organizacional:

- A conformidade só será efetiva se todos na equipe entenderem a importância da proteção de dados e souberem aplicar as boas práticas no dia a dia.

5. Tecnologia e Segurança:

- Ferramentas modernas de proteção de dados e auditorias regulares minimizam riscos de vazamentos e acessos não autorizados.

6. Relacionamento com Clientes:

- Respeitar os direitos dos titulares e comunicar claramente as práticas de proteção de dados cria um ambiente de confiança e fidelidade.

7.2. COMO COMEÇAR OS PRIMEIROS PASSOS PARA A CONFORMIDADE

Se sua farmácia ainda não iniciou ou está em estágios iniciais de adequação à LGPD, os próximos passos podem ajudar a estruturar o processo:

1. Nomeie um Encarregado de Proteção de Dados (DPO):

- Escolha um responsável para supervisionar as iniciativas de conformidade, gerenciar solicitações de titulares e ser o ponto de contato com a ANPD.

2. Realize um Diagnóstico Inicial

- Mapeie o fluxo de dados pessoais em sua farmácia, identificando quais informações são coletadas, onde são armazenadas e como são compartilhadas.

3. Crie uma Política de Privacidade:

- Redija uma política acessível que explique, de forma transparente, como os dados são tratados, e disponibilize-a em locais visíveis, como o site ou aplicativo da farmácia.

4. Invista em Tecnologia de Proteção:

- Implante ferramentas como sistemas de criptografia, backups automáticos e firewalls.

- Garanta que todos os dispositivos utilizados para acessar dados estejam protegidos com autenticação multifator.

5. Capacite Sua Equipe:

- Promova treinamentos para que todos entendam a importância da LGPD e saibam como aplicar as práticas de proteção no atendimento e nas operações diárias.

6. Estabeleça um Canal para Solicitações de Clientes:

- Crie um processo ágil e documentado para atender pedidos de acesso, correção ou exclusão de dados, garantindo o cumprimento dos prazos estabelecidos pela LGPD.

7. Realize Auditorias Regulares:

- Avalie periodicamente os sistemas e processos, corrigindo vulnerabilidades e garantindo que a farmácia permaneça em conformidade com as exigências legais.

Benefícios a Longo Prazo da Conformidade

Investir na conformidade com a LGPD não apenas evita multas e penalidades, mas também oferece uma série de benefícios estratégicos:

1. Fortalecimento da Reputação:

- Clientes confiam mais em empresas que demonstram responsabilidade no uso de seus dados.

2. Redução de Riscos Operacionais:

- Boas práticas de proteção minimizam a probabilidade de incidentes, como vazamentos de dados.

- A conformidade pode ser usada como um diferencial para atrair e reter clientes.

4. Eficiência nos Processos:

- A organização dos fluxos de dados e o uso de tecnologia avançada podem melhorar a eficiência operacional da farmácia.

7.3. REFLEXÃO FINAL

A implementação da LGPD em farmácias é um processo que exige planejamento, compromisso e visão estratégica. No entanto, o esforço é recompensado não apenas pelo cumprimento da lei, mas também pela oportunidade de oferecer um atendimento mais seguro e transparente aos clientes.

A proteção de dados não deve ser vista como um obstáculo, mas como um componente essencial da qualidade do serviço prestado. Ao priorizar a privacidade, sua farmácia não só se alinha às exigências legais, como também contribui para um ambiente de negócios mais ético e confiável.

Obrigado por acompanhar este guia sobre **LGPD para Farmácias**. Agora que você conhece os passos necessários para garantir a conformidade, é hora de colocar esse conhecimento em prática.

Se precisar de suporte adicional ou desejar aprofundar-se em aspectos específicos, procure especialistas ou ferramentas que possam facilitar a implementação da LGPD em sua farmácia. Lembre-se: a segurança dos dados dos seus clientes é também a segurança e o futuro do seu negócio.

CAPÍTULO 8

APÊNDICE:

8.1. GLOSSÁRIO DE TERMOS RELEVANTES EM LGPD PARA FARMÁCIAS

Este apêndice contém um glossário de termos e definições relacionadas à Lei Geral de Proteção de Dados Pessoais (LGPD), com ênfase nos contextos específicos de farmácias. A LGPD é a legislação brasileira que regula a coleta, armazenamento, tratamento e compartilhamento de dados pessoais, visando proteger a privacidade e garantir os direitos dos indivíduos sobre seus dados.

1. **Dados Pessoais**

- **Definição Geral**: Qualquer informação relacionada a uma pessoa natural identificada ou identificável. Exemplos incluem nome, CPF e-mail, endereço e dados sensíveis.

- **Relacionamento com farmácias**: Dados pessoais coletados por farmácias durante a venda de medicamentos, como informações sobre a saúde do paciente, histórico de compras ou dados de receita.

2. **Dados Sensíveis**

- **Definição Geral**: São dados que envolvem informações sobre a saúde, origem racial ou étnica, opinião política, convicção religiosa, filiação sindical ou dados genéticos.

- **Relacionamento com farmácias**: Informações sobre condições de saúde dos pacientes, tratamentos médicos ou medicamentos prescritos são considerados dados sensíveis e devem ser tratados com maior cuidado.

3. **Tratamento de Dados**

- **Definição Geral**: Qualquer operação realizada com dados pessoais, como coleta, armazenamento, uso, modificação, comunicação ou exclusão.

- **Relacionamento com farmácias**: As farmácias tratam dados pessoais ao processar prescrições médicas, realizar vendas de medicamentos e ao manter registros de clientes.

4. **Controlador de Dados**

- **Definição Geral**: A pessoa ou entidade que decide como e por que os dados pessoais serão tratados.

- **Relacionamento com farmácias**: O controlador de dados pode ser a farmácia ou a rede de farmácias responsável pela coleta e pelo tratamento de dados pessoais de seus clientes, como em sistemas de fidelização, programas de descontos e histórico de compras.

5. **Operador de Dados**

- **Definição Geral**: A pessoa ou entidade que realiza o tratamento de dados pessoais em nome do controlador, segundo as suas instruções.

- **Relacionamento com farmácias**: Um operador de dados pode ser, por exemplo, um prestador de serviços de tecnologia que gerencia o sistema de controle de estoque ou o banco de dados de uma farmácia.

6. **Consentimento**

- **Definição Geral**: A manifestação livre, informada e inequívoca da pessoa titular dos dados, pela qual ela autoriza o tratamento de seus dados pessoais para finalidades específicas.

- **Relacionamento com farmácias**: A farmácia deve obter o consentimento expresso de seus clientes para o tratamento de seus dados pessoais, por exemplo, ao cadastrar-se para receber promoções ou criar um histórico de compras.

7. **Anonimização**

- **Definição Geral**: Processo de transformar dados pessoais de maneira que se tornem impossíveis de identificar a pessoa a que se referem, sem o uso de informações adicionais.

- **Relacionamento com farmácias**: A farmácia pode adotar a anonimização de dados para realizar estudos e pesquisas, como análises de vendas e preferências de compra, sem comprometer a privacidade dos clientes.

8. **Pseudonimização**

- **Definição Geral**: Processo de substituir dados identificáveis por pseudônimos, ou seja, identificadores alternativos que não permitam identificar diretamente a pessoa sem informações adicionais.

- **Relacionamento com farmácias**: A pseudonimização pode ser usada por farmácias em sistemas de fidelização, onde os clientes são identificados por um código único, ao invés de seu nome completo, para garantir a privacidade.

9. **Transferência Internacional de Dados**

- **Definição Geral**: O envio de dados pessoais para fora do território nacional.

- **Relacionamento com farmácias**: Caso uma farmácia utilize sistemas ou serviços de empresas estrangeiras (como servidores em nuvem ou plataformas de e-commerce), pode ocorrer a transferência internacional de dados pessoais. Nesse caso, deve-se garantir que as exigências da LGPD sejam atendidas, como a necessidade de adequação dos países ou organizações que receberão os dados.

10. **Autoridade Nacional de Proteção de Dados (ANPD)**

- **Definição Geral**: Órgão responsável por zelar pela proteção de dados pessoais no Brasil, fiscalizar o cumprimento da LGPD e aplicar sanções.

- **Relacionamento com farmácias**: A ANPD pode atuar caso uma farmácia não cumpra as obrigações previstas pela LGPD, por exemplo, em situações de vazamento de dados pessoais ou falta de transparência no tratamento desses dados.

11. **Direitos dos Titulares de Dados**

- **Definição Geral**: São os direitos concedidos aos indivíduos sobre seus dados pessoais, como o direito de acesso, correção, exclusão, portabilidade e revogação de consentimento.

- **Relacionamento com farmácias**: Clientes de farmácias podem solicitar o acesso aos seus dados pessoais, pedir a correção de informações incorretas, ou até mesmo exigir a exclusão de dados pessoais armazenados pela farmácia.

12. **Vazamento de Dados**

- **Definição Geral**: O incidente em que dados pessoais são acessados, divulgados, alterados ou destruídos sem autorização, ou ainda, quando ocorrem falhas de segurança.

- **Relacionamento com farmácias**: No caso de vazamento de dados de clientes, como informações sobre tratamentos ou compras anteriores, a farmácia pode ser responsabilizada legalmente pela falha de segurança, o que pode afetar a confiança dos consumidores.

13. **Privacy by Design**

- **Definição Geral**: Princípio que estabelece que a proteção de dados deve ser considerada desde a fase de concepção de sistemas e processos, e não apenas após a coleta de dados.

- **Relacionamento com farmácias**: Ao desenvolver sistemas de gestão de dados de clientes ou novas tecnologias de atendimento, as farmácias devem garantir que a privacidade seja incorporada desde o início, implementando medidas de segurança adequadas para proteger os dados pessoais.

14. **Relatório de Impacto à Proteção de Dados (RIPD)**

- **Definição Geral**: Documento que deve ser elaborado pelas empresas para avaliar os riscos e impactos de seus processos de tratamento de dados pessoais.

- **Relacionamento com farmácias**: Uma farmácia que implemente novos sistemas de gerenciamento de dados, especialmente os sensíveis (como informações de saúde dos clientes), deve realizar um RIPD para avaliar os riscos à privacidade e segurança dos dados.

15. **DPO (Data Protection Officer) ou Encarregado de Proteção de Dados**

- **Definição Geral**: Profissional responsável por garantir que uma organização cumpra as disposições da LGPD e por atuar como ponto de contato entre a organização, os titulares dos dados e a ANPD.

- **Relacionamento com farmácias**: Grandes redes de farmácias ou farmácias com alto volume de dados pessoais podem precisar de um DPO para gerenciar questões relacionadas à proteção de dados e privacidade.

16. **Base Legal para o Tratamento de Dados**

- **Definição Geral**: A LGPD estabelece diversas bases legais que autorizam o tratamento de dados pessoais, como o consentimento, a execução de contratos, o cumprimento de obrigações legais, entre outras.

- **Relacionamento com farmácias**: Farmácias devem identificar qual a base legal que autoriza o tratamento de dados pessoais, como o consentimento do cliente ou a necessidade de cumprir uma obrigação legal (por exemplo, manter registros de vendas de medicamentos controlados).

17. **Incident Response Plan (Plano de Resposta aIncidentes)**

- **Definição Geral**: Conjunto de procedimentos estabelecidos para identificar, responder e mitigar impactos de incidentes de segurança da informação, como vazamento ou acesso não autorizado a dados pessoais.

- **Relacionamento com farmácias**: Uma farmácia deve ter um plano de resposta para lidar com incidentes de segurança envolvendo dados pessoais de seus clientes, garantindo que medidas corretivas sejam tomadas rapidamente.

Este glossário proporciona uma compreensão essencial sobre como a **LGPD** se aplica ao setor farmacêutico, ajudando profissionais da área a se adaptarem às obrigações legais e a garantir a proteção adequada dos dados pessoais dos clientes

CAPÍTULO 9

MODELOS DE DOCUMENTOS PARA ADEQUAÇÃO À LGPD EM FARMÁCIAS

A adequação de uma farmácia à Lei Geral de Proteção de Dados Pessoais (LGPD) envolve a elaboração de diversos documentos e processos que formalizam o compromisso da empresa com a privacidade e proteção dos dados pessoais dos seus clientes, colaboradores e parceiros. Esses documentos servem para garantir a conformidade com as exigências legais, proteger a farmácia de possíveis sanções e fornecer transparência e segurança aos titulares de dados.

9.1. MODELOS DE DOCUMENTOS

A seguir, apresento uma série de **modelos de documentos** essenciais para a adequação de farmácias à LGPD. Esses documentos devem ser adaptados às necessidades e especificidades de cada estabelecimento, sempre com a orientação de profissionais especializados em proteção de dados.

LGPD para Farmácias: Garantindo a Privacidade e Segurança dos Dados dos Clientes

1. **Política de Privacidade e Proteção de Dados Pessoais**

A **Política de Privacidade** é o principal documento que descreve como a farmácia coleta, utiliza, armazena e compartilha os dados pessoais de seus clientes. A política deve ser clara, acessível e estar disponível em todos os pontos de contato com os clientes (site, aplicativos, balcão de atendimento, etc.).

Conteúdo sugerido para a Política de Privacidade:

- **Introdução**: Explicar de forma simples e acessível os objetivos da política e a importância da proteção de dados.

- **Dados Coletados**: Detalhar quais dados pessoais são coletados (nome, CPF, endereço, dados de saúde, etc.) e em que situações (ex: durante compras, cadastro em programas de fidelidade, preenchimento de receitas médicas).

- **Finalidades do Tratamento**: Explicar para que os dados são utilizados (ex: emissão de notas fiscais, cadastro em programas de fidelidade, atendimento farmacêutico personalizado).

- **Bases Legais**: Especificar as bases legais para o tratamento de dados, como consentimento, cumprimento de obrigação legal, execução de contrato, entre outras.

- **Compartilhamento de Dados**: Informar se e com quem os dados pessoais podem ser compartilhados, incluindo parceiros comerciais e fornecedores (ex: empresas de transporte de medicamentos, prestadores de serviços de TI, etc.).

- **Direitos dos Titulares**: Explicar os direitos dos clientes sobre seus dados pessoais (acesso, correção, exclusão, revogação de consentimento, etc.).

- **Segurança dos Dados**: Descrever as medidas adotadas pela farmácia para proteger os dados pessoais dos clientes.

- **Retenção dos Dados**: Informar o período pelo qual os dados serão retidos e os critérios para determinar esse período.

- **Contato**: Informar um canal de comunicação para dúvidas e solicitações relacionadas à privacidade e proteção de dados (ex: e-mail do DPO ou responsável pela LGPD).

Modelo Simplificado:

> **Política de Privacidade - [Nome da Farmácia]**

> Nós da [Nome da Farmácia], respeitamos a sua privacidade e estamos comprometidos com a proteção dos seus dados pessoais. Coletamos e utilizamos os dados pessoais para realizar nossos serviços de forma eficaz e segura. Nossos principais objetivos incluem a emissão de notas fiscais, o cadastro em programas de fidelidade, e o fornecimento de serviços farmacêuticos personalizados.

> ... [continua com todos os tópicos detalhados conforme acima]

---

2. **Formulário de Consentimento**

Em muitos casos, a farmácia precisará obter o **consentimento explícito** de seus clientes para o tratamento de dados pessoais. Isso é especialmente importante para dados sensíveis, como informações relacionadas à saúde, histórico de tratamentos ou uso de medicamentos controlados.

Conteúdo sugerido para o Formulário de Consentimento:

- **Identificação do Controlador de Dados**: Incluir o nome e dados da farmácia responsável pelo tratamento dos dados.

- **Objetivo do Consentimento**: Explicar de forma clara para que os dados pessoais serão coletados e usados (ex: registro de compras, acompanhamento de tratamentos, envio de campanhas de saúde).

- **Dados Sensíveis**: Caso esteja sendo coletado dados sensíveis (como informações sobre a saúde), deve ser explicitado.

- **Declaração de Consentimento**: Uma frase de consentimento clara e inequívoca, por exemplo: "Eu concordo que a [Nome da Farmácia] colete e utilize meus dados pessoais para os fins mencionados acima. "

- **Revogação do Consentimento**: Informar como o cliente pode revogar o consentimento a qualquer momento.

- **Assinatura**: Espaço para a assinatura ou aceite digital do cliente.

Modelo Simplificado:

> **Formulário de Consentimento - [Nome da Farmácia]**

> Eu, [Nome do Cliente], autorizo a [Nome da Farmácia] a coletar, armazenar e utilizar meus dados pessoais, incluindo dados de saúde, para fins de [detalhar objetivos específicos, ex: cadastro no programa de fidelidade, acompanhamento de tratamento farmacológico].

> Eu entendo que posso revogar este consentimento a qualquer momento, através de solicitação para [informar o canal de contato].

> Assinatura/Consentimento Digital: [Assinatura ou botão de aceite]

---

3. **Termos de Uso do Website ou Aplicativo**

Se a farmácia oferece serviços online, como e-commerce de medicamentos, consulta de estoque, ou programas de fidelidade, é necessário que haja um **termo de uso** que regule a interação do usuário com a plataforma digital. Este documento deve abordar o uso dos dados pessoais coletados através do site ou aplicativo.

**Conteúdo sugerido para os Termos de Uso: **

- **Aceitação dos Termos**: Deixar claro que, ao utilizar o site ou aplicativo, o usuário está concordando com os termos e a política de privacidade.

- **Coleta de Dados**: Explicar quais dados são coletados automaticamente (como endereço de IP, cookies, etc.) e quais são fornecidos ativamente pelos usuários (como nome, e-mail, etc.).

- **Finalidade da Coleta de Dados**: Detalhar o motivo pelo qual esses dados são coletados e como serão usados.

- **Segurança dos Dados**: Informar as medidas de segurança adotadas para proteger os dados pessoais coletados na plataforma.

- **Responsabilidade do Usuário**: Estabelecer as responsabilidades do usuário ao utilizar a plataforma e fornecer dados pessoais.

Modelo Simplificado:

> **Termos de Uso - [Nome da Farmácia]**

> Ao acessar e utilizar nosso site, você concorda com os termos estabelecidos neste documento e com a nossa Política de Privacidade. Coletamos seus dados pessoais para processar pedidos, fornecer serviços personalizados, e enviar comunicações promocionais relacionadas ao nosso portfólio de produtos e serviços.

> Garantimos a proteção de seus dados, de acordo com as melhores práticas de segurança da informação.

---

4. **Aviso de Privacidade para Receitas Médicas**

Quando uma farmácia coleta **dados sensíveis**, como informações contidas em receitas médicas, é imprescindível um **aviso de privacidade específico**, informando ao cliente sobre o tratamento de seus dados de saúde.

**Conteúdo sugerido para o Aviso de Privacidade: **

- **Especificação dos Dados Sensíveis**: Detalhar que tipo de dado será coletado (ex: medicamentos prescritos, diagnóstico, etc.).

- **Finalidade do Tratamento**: Explicar a necessidade de coletar esses dados (ex: para emissão de nota fiscal, controle de medicamentos controlados, verificação de interações medicamentosas).

- **Segurança e Confidencialidade**: Informar como os dados sensíveis serão protegidos.

- **Direitos do Titular**: Informar os direitos do cliente sobre os dados sensíveis e como ele pode acessar ou excluir essas informações.

Modelo Simplificado:

> **Aviso de Privacidade - Dados Sensíveis**

> Coletamos dados sensíveis relativos à sua saúde, como os medicamentos prescritos em sua receita médica, para realizar a venda de medicamentos controlados e garantir o cumprimento das regulamentações sanitárias.

> Seus dados serão mantidos em sigilo e utilizados exclusivamente para as finalidades descritas. Você tem o direito de acessar, corrigir ou excluir seus dados pessoais a qualquer momento, entrando em contato conosco.

5. **Relatório de Impacto à Proteção de Dados (RIPD)**

A **farmácia** pode precisar elaborar um **Relatório de Impacto à Proteção de Dados (RIPD)** sempre que realizar um tratamento de dados que possa representar riscos elevados aos direitos e liberdades dos titulares (como no caso de tratamentos de dados sensíveis em larga escala).

Conteúdo sugerido para o RIPD:

- **Descrição das Atividades de Tratamento**: Explicar o que será feito com os dados pessoais.

- **Avaliação dos Riscos**: Identificar e avaliar os riscos associados ao tratamento, como o risco de vazamento de dados ou de discriminação.

- **Medidas Mitigatórias**: Descrever as medidas adotadas para mitigar esses riscos, como controles de segurança, criptografia, etc.

- **Consultas à ANPD**: Caso necessário, o RIPD deve mencionar se houve a consulta à ANPD, conforme orientações da LGPD.

Modelo Simplificado:

> **Relatório de Impacto à Proteção de Dados (RIPD)**

> O tratamento de dados pessoais na [Nome da Farmácia] envolve a coleta e o armazenamento de dados sensíveis relacionados à saúde dos nossos clientes. Os riscos associados a esse tratamento incluem o vazamento de dados e o uso indevido das informações. Para mitigar esses riscos,

CAPÍTULO 10

CHECKLIST DE CONFORMIDADE COM A LGPD:

10.1. GOVERNANÇA E RESPONSABILIDADE

- [ ] Nomeação de Encarregado (DPO): Identifique e nomeie um Encarregado de Proteção de Dados responsável por supervisionar a conformidade com a LGPD.
- [ ] Treinamento e Capacitação: Realize treinamentos periódicos sobre a LGPD para todos os colaboradores.
- [ ] Políticas Internas: Estabeleça e documente políticas internas de proteção de dados pessoais.

10.2. MAPEAMENTO E INVENTÁRIO DE DADOS

- [ ] Mapeamento de Dados: Realize um mapeamento completo dos dados pessoais tratados pela organização.
- [ ] Inventário de Dados: Mantenha um inventário atualizado de todos os dados pessoais, incluindo sua origem, finalidade e localização.

10.3. CONSENTIMENTO E DIREITOS DOS TITULARES

- [ ] Obtenção de Consentimento: Assegure que o consentimento para coleta e tratamento de dados pessoais seja obtido de forma clara e específica.
- [ ] Gestão de Consentimento: Mantenha registros do consentimento obtido e permita a revogação pelo titular a qualquer momento.
- [ ] Direitos dos Titulares: Estabeleça procedimentos para atender às solicitações dos titulares de dados, incluindo acesso, correção, exclusão, portabilidade e oposição.

10.4. SEGURANÇA E PROTEÇÃO DE DADOS

- [ ] Medidas de Segurança: Implemente medidas técnicas e organizacionais adequadas para proteger os dados pessoais contra acesso não autorizado, perda, alteração ou destruição.
- [ ] Anonimização e Pseudonimização: Utilize técnicas de anonimização e pseudonimização quando aplicável para reduzir riscos à privacidade dos titulares.

- [ ] Gestão de Incidentes: Estabeleça um plano de resposta a incidentes de segurança, incluindo procedimentos de notificação à ANPD e aos titulares em caso de violação de dados.

10.5. TRANSPARÊNCIA E COMUNICAÇÃO

- [ ] Política de Privacidade: Desenvolva e publique uma política de privacidade clara e acessível aos titulares, detalhando como os dados pessoais são coletados, utilizados e protegidos.

- [ ] Comunicação com Titulares: Mantenha canais de comunicação abertos e acessíveis para que os titulares possam exercer seus direitos e esclarecer dúvidas sobre o tratamento de seus dados.

10.6. RELATÓRIO DE IMPACTO À PROTEÇÃO DE DADOS (RIPD)

- [ ] Elaboração de RIPD: Elabore Relatórios de Impacto à Proteção de Dados sempre que houver tratamento de dados que possa gerar riscos aos direitos dos titulares.
- [ ] Revisão de RIPD: Revise periodicamente os RIPDs para assegurar que as medidas de mitigação de riscos sejam efetivas.

10. 7. CONTRATOS E TRANSFERÊNCIAS DE DADOS

- [ ] Contratos com Terceiros: Revise e atualize contratos com fornecedores e parceiros para incluir cláusulas de proteção de dados em conformidade com a LGPD.
- [ ] Transferências Internacionais: Garanta que as transferências internacionais de dados pessoais sejam realizadas apenas para países que proporcionem um nível de proteção adequado ou mediante garantias contratuais específicas.

10. 8. AUDITORIA E MONITORAMENTO

- [ ] Auditorias Regulares: Realize auditorias periódicas para avaliar a conformidade com a LGPD e identificar áreas de melhoria.

- [ ] Monitoramento Contínuo: Implemente mecanismos de monitoramento contínuo para garantir que as práticas de proteção de dados permaneçam em conformidade com a legislação.

10.9. CULTURA DE PROTEÇÃO DE DADOS

- [ ] Conscientização: Promova uma cultura de proteção de dados dentro da organização, incentivando todos os colaboradores a adotarem boas práticas de privacidade e segurança.

- [ ] Engajamento: Envolva a alta direção no compromisso com a conformidade e a proteção dos dados pessoais.

Este checklist é uma ferramenta prática para garantir que corretores e imobiliárias estejam em conformidade com a LGPD, fortalecendo a confiança dos clientes e protegendo os dados pessoais de maneira eficaz.

REFERÊNCIAS BIBLIOGRAFICAS

ASSOCIAÇÃO BRASILEIRA DE NORMAS TÉCNICAS (ABNT). *NBR ISO/IEC 27001:2005,2005.*

ASSOCIAÇÃO BRASILEIRA DE NORMAS TÉCNICAS (ABNT). *NBR ISO/IEC 27037:2013,2013.*

AUTORIDADE NACIONAL DE PROTEÇÃO DE DADOS (ANPD) - DIRETRIZES E ORIENTAÇÕES SOBRE A LGPD.

BARROSO, Luís Roberto. **Curso de Direito Constitucional Contemporâneo:** Os Conceitos Fundamentais e a Construção do Novo Modelo. 2ª Edição, Editora Saraiva, 2010.

BONNA, Alexandre Pereira. **Dados Pessoais, Identidade Virtual e a Projeção da Personalidade: "Profiling", Estigmatização e Responsabilidade Civil.** In: Martins, Guilherme Magalhães; Rosenvald, Nelson. (Coord.). Responsabilidade Civil e Novas Tecnologias. Indaiatuba, SP. Editora Foco, 2020.

BLUM, Renato Opice; VAINZOF, Rony. Proteção de Dados Pessoais: A Lei Geral de Proteção de Dados (LGPD) e seus Impactos. Editora: Migalhas 2021.

BRASIL. Constituição. **Constituição da República Federativa do Brasil. Brasília**: *Senado Federal: Centro Gráfico, 1988.*

BRASIL. **Lei 8.078 de 11 de setembro de1990 (Código de Defesa do Consumidor) (C.D.C)** Brasília, DF,11 de setembro de 1990. Disponível em: https://www.planalto.gov.br/ccivil_03/leis/l8078compilado.htm. **Consequências:**

BRASIL. Lei 9.279 de 14 de maio de1996 (Lei de Propriedade Industrial) (L.P.I) Brasília, DF,14 de maio de 1996. Disponível em: https://www.planalto.gov.br/ccivil_03/leis/l9279.htm. Acesso em: 05 nov. 2024..

BRASIL. Lei 10.406 de 10 de janeiro de 2002(Código Civil Brasileiro) (C.C) Brasília, DF,10 de janeiro de 2002. Disponível em: https://www.planalto.gov.br/ccivil_03/leis/2002/l10406compilada.htm. Acesso em: 05 nov. 2024..

BRASIL. Lei nº 12.527 de 18 de novembro de 2011 (Lei de Acesso às Informações públicas).2011. in <http://www.planalto.gov.br/ccivil_03/_ato2011-2014/2011/lei/l12527.htm> Acesso em: 05 nov. 2024..

BRASIL. Lei 12.965 de 23 de abril de 2014. (Marco civil da internet). 2014. In <http://www.planalto.gov.br/ccivil_03/_ato2011- 2014/2014/lei/l12965.htm> Acesso em: 05 nov. 2024.

BRASIL. Lei 13. 709 de 14 de agosto de 2018. (Lei Geral de Proteção de Dados Pessoais) (LGPD). Brasília, DF, 15 de agosto de 2018 e modificações 2019. Disponível em: http://www.planalto.gov.br/ccivil_03/_ato2015-2018/2018/lei/L13709.htm. Acesso em: 05 nov. 2024.

DELGADO, Mauricio Godinho; **Curso de Direito do Trabalho**. Editora: LTR 2020.

SOBRE O AUTOR

Paulo Ricardo Ludgero, especialista em Direito Informático e renomado profissional da área jurídica, possui vasta experiência no campo da proteção de dados e segurança da informação. Com formação em Ciências Jurídicas e inscrito na OAB /PR sob o número 70965, Paulo sempre demonstrou paixão pelo universo do Direito e sua aplicação no contexto digital.

Durante sua trajetória acadêmica, produziu diversos textos para blogs e revistas jurídicas, buscando sempre compartilhar seu conhecimento e insights sobre temas relevantes da área. Seu comprometimento com o aprendizado e a inovação o levou a cursar pós-graduação em Direito Processual Civil na renomada Universidade Cândido Mendes, na cidade do Rio de Janeiro.

Especialista em Assessoria Jurídica relacionada ao Terceiro Setor, Paulo Ludgero tem um destaque especial em lidar com demandas de ONGs, Igrejas e Associações, garantindo que essas instituições estejam em conformidade com as leis vigentes e protejam os dados de seus membros e fiéis.

Com uma sólida formação e experiência, ele também se especializou em Direito Criminal pela PUC-SP e Direito Empresarial com ênfase no Terceiro Setor pela FGV em 2019. Além disso, concluiu pós-graduação em Direito Criminal com especialidade em Compliance empresarial pela FGV em 2020.

Seu contínuo interesse pelo desenvolvimento pessoal e profissional o levou a prosseguir seus estudos, e atualmente, Paulo Ricardo Ludgero é doutorando em Direito Constitucional na renomada Universidade de Buenos Aires.

Autor dos livros:

1) *PROVAS DIGITAIS: UMA ABORDAGEM COMPLETA NA ERA DIGITAL.*
2) *1º MANUAL DE CELEBRAÇÕES PARA IGREJAS INCLUSIVAS PLURALISTAS E LEGISLAÇÃO APLICADA.*
3) *LGPD PARA STARTUPS.*
4) *PROVAS DIGITAIS NO DIREITO ELEITORAL BRASILEIRO: DESAFIOS E PERPECTIVAS.*
5) *LGPD E A SUA JORNADA NAS IGREJAS.*
6) *LGPD PARA CONDOMÍNIOS: PROTEGENDO A PRIVACIDADE E SEGURANÇA DOS CONDÔMINOS.*
7) *LGPD PARA ADVOGADOS.*
8) *LGPD PARA ESCOLAS.*
9) *LGPD PARA CLINICAS MÉDICAS.*
10) *GUIA DEFINITIVO DE PROTEÇÃO DE DADOS PARA CORRETORES E IMOBILIÁRIAS: FORTALEÇA A CONFIANÇA DOS CLIENTES COM A LGPD*

Já publicados e amplamente reconhecido no campo do Direito Informático, Paulo tem como missão compartilhar seu conhecimento e expertise com a série de livros **"PROTEÇÃO 360: NAVEGANDO NA ERA DA LGPD"**, proporcionando aos leitores orientações práticas e fundamentadas para uma abordagem ética e segura da Lei Geral de Proteção de Dados.

Com uma carreira sólida e comprometida com o avanço do Direito na era digital, Paulo Ricardo Ludgero se destaca como um autor respeitado e comprometido em auxiliar instituições e profissionais a navegarem de forma segura e confiante na aplicação da LGPD.